LOGRA QUE TU HIJO SE DIVIERTA APRENDIENDO

Los trucos para que disfrute de la vida escolar

Por Carole Haymann-Bloch
Traducido por Laura Bernal Martín

Salud y bienestar 

¿CÓMO APRENDER Y DIVERTIRSE AL MISMO TIEMPO?

- **¿Problemática?** ¿Por qué a mi hijo no le gusta ir al colegio? ¿Por qué cada vez está más desmotivado y no logra concentrarse o memorizar el temario correctamente?
- **¿Metas?** Ofrecer métodos y herramientas prácticas que permitirán a los niños sentirse realizados y aprender divirtiéndose, y a los padres acompañarlos en su proceso de aprendizaje.
- **¿Preguntas frecuentes?**
  - Mi hijo no quiere ir al colegio. ¿Cómo puedo saber si se trata de un berrinche o si su comportamiento esconde un problema más serio?
  - ¿Cómo puedo saber si mi hijo sufre acoso?
  - Mi hijo no es capaz de seguir el ritmo de su clase y parece que está constantemente desconcentrado. ¿Tengo que consultar con un especialista?
  - Mi hijo no se siente a gusto en el colegio desde que le subieron de curso. ¿A qué se debe?
  - ¿Cómo transformo los deberes escolares en un momento privilegiado entre padre e hijo?

«Mi hijo Sébastien tiene nueve años y va a la escuela primaria. Sus problemas en el colegio empezaron el año pasado. Le angustia tanto la idea de ir a clase que todas las mañanas se queja de que le duele la barriga y rompe a llorar. Su falta de interés por los estudios y su ansiedad repercuten en su aprendizaje: le cuesta memorizar las tablas de multiplicar, tarda bastante tiempo en preparar los dictados y las estrategias que emplea para aprender le consumen mucha energía.

Sébastien no es un caso aislado. Hoy en día, cada vez son más los niños a los que la escuela no les motiva y que están llenos de dudas, de miedos y de inquietudes («soy un inútil», «no voy a conseguirlo nunca», «no entiendo nada», «los otros se van a reír de mí», etc.). ¿Cómo podemos explicar esta falta de entusiasmo que afecta a cada vez más alumnos, que afirman tenerle miedo a ir al colegio o aburrirse en clase y que, en algunos casos, acaba en abandono escolar?

Para lograr que a tu hijo le guste ir al colegio es necesario animarle para que vea que hacerlo tiene sentido y que es divertido. En esta obra encontrarás métodos y comportamientos que puedes aplicar para insuflar a tu hijo confianza en sí mismo y en los demás, para que sea optimista, para que descubra el placer en el aprendizaje y para que se conozca a sí mismo, unos valores que deberían situarse en la base de toda experiencia escolar.

¿DE DÓNDE VIENE SU DESINTERÉS ESCOLAR?

LA ESTRUCTURA DE APRENDIZAJE Y EL ENTORNO

No siempre resulta fácil comprender por qué nuestro hijo pierde de repente su interés por el colegio cuando antes le encantaba ir. A menudo los motivos son múltiples, y por ello puede ser difícil detectarlos. En muchos casos, la respuesta se encuentra en su entorno escolar: una enseñanza que no se adapta a él, una organización inadecuada, un compañero o un profesor que lo acosa, etc.

El sistema escolar

En términos generales, la escuela privilegia a los niños que poseen una inteligencia lógico-matemática o lingüística. Sin embargo, existen muchos otros tipos desconocidos para el sistema escolar. Muy a menudo, este no permite que los alumnos aprendan siguiendo su propio método o no tiene en cuenta su manera de asimilar la información. El programa escolar debe seguirse al pie de la letra y los niños no tienen más opción que someterse al mismo.

En estos casos puede resultar necesario replantearse las cosas. Quizás habías puesto la mira en una escuela en concreto porque tiene una excelente reputación o por el elevado índice de éxito de sus alumnos. Sin embargo, ¿no es más importante privilegiar el bienestar de tu hijo y asegurarte de que disfruta yendo a la escuela? ¿Se debe sacrificar el desarrollo de su autoestima y de su personalidad a favor del rendimiento? Un niño satisfecho tendrá más posibilidades de abrirse al conocimiento y todo despertará su curiosidad.

La relación con los demás

Si el sistema escolar no tiene la culpa, entonces cabe la posibilidad de que a tu hijo simplemente le dé miedo ir a la escuela. Hoy en día, cada vez es más frecuente que los alumnos se quejen de acoso, ya sea por parte de un compañero de clase o incluso, a veces, de algún profesor.

Según Éduscol, el acoso «se define como una violencia reiterada que puede ser verbal, física o psicológica»[1] (Éduscol 2015) y encuentra su origen en el rechazo a lo diferente. Estas complicadas situaciones suelen darse en los últimos años de la escuela primaria y a lo largo de los años de instituto, y sus consecuencias pueden ser graves tanto a corto como a largo plazo. De hecho, los efectos podrán ser palpables tanto a nivel físico (dolores de cabeza, de barriga) como psicológico (ansiedad, pérdida de la autoestima) y desembocar en situaciones que no deben tomarse a la ligera, como el abandono escolar o el aislamiento social. En los casos más graves, el niño puede incluso llegar a desarrollar un comportamiento autodestructivo y suicida.

Aunque normalmente el acoso se produce entre alumnos, a veces es un profesor el que ataca moralmente a un niño y se empeña en rebajarlo o en ponerlo contra las cuerdas. Por ejemplo, puede ponerle malas notas sin justificación

---

1. Cita traducida por 50Minutos.es

alguna, castigarlo constantemente sin que haya razones de peso, humillarlo delante de sus compañeros, etc.

Es primordial para los padres saber detectar cualquier cambio inusual en el comportamiento de su hijo (dolores de barriga, problemas para dormir, pérdida de apetito, de motivación o de alegría de vivir), ya que estas señales pueden indicar la existencia de un problema subyacente.

FACTORES INTERNOS

Existen otros factores relacionados directamente con el niño que también podrían explicar su negativa a ir al colegio.

Cuando un niño presenta características particulares —por ejemplo, si es muy sensible, tiene un tipo de razonamiento divergente o se hace preguntas existenciales— sería interesante consultar con un especialista y considerar la opción de realizar pruebas para detectar un posible cociente intelectual superior a la media, algo que podría explicar su malestar y su desmotivación. Un niño superdotado o con ACI («altas capacidades intelectuales») suele aburrirse en clase porque su pensamiento va muy rápido. Lo entiende todo antes que la media y, por ello, la clase deja de interesarle enseguida. Su manera de razonar también le lleva a encontrar la solución de un problema —ya sea científico, matemático o lógico— sin poder explicar los pasos que le han llevado a la misma, lo que puede serle perjudicial y apartarlo de los métodos escolares estándares que se utilizan en los centros educativos.

Por el contrario, un niño también puede mostrar señales

reveladoras de un problema de aprendizaje. Si estas no se detectan durante el periodo de educación infantil o durante los primeros años de educación primaria pueden llevar a al fracaso escolar, ya que el alumno deberá esforzarse enormemente para lograr compensar sus lagunas y seguir el ritmo que impone el sistema establecido en los centros de enseñanza. Por lo tanto, es imperativo que los padres descubran estos desajustes y que le propongan a su hijo soluciones adecuadas, como recurrir a un logopeda. Entre los problemas de aprendizaje podemos citar:

- **la dislexia**, que se caracteriza por una dificultad a la hora de identificar las palabras y de asociar los sonidos con los grafemas. Se habla de un problema de lectura;
- **la discalculia**, que provoca dificultades para contar, enumerar o reconocer inmediatamente cantidades pequeñas;
- **la dispraxia**, que se refiere a trastornos del desarrollo motriz. Al niño le cuesta coordinar sus gestos, y tareas en apariencia simples, como atarse los cordones o vestirse, enseguida se convierten en algo complicado;
- **la disfasia**, que afecta al desarrollo oral del alumno, que no logra construir sus palabras correctamente o dominar la sintaxis;
- **el TDA/H** («trastorno por déficit de atención e hiperactividad»), que se caracteriza por dificultades a la hora de dirigir y mantener la atención durante la realización de una tarea concreta.

ENTENDER EL PERFIL COGNITIVO DE NUESTRO HIJO

¿CÓMO FUNCIONA EL CEREBRO?

Las cuatro dimensiones del cerebro

Jacques Fradin (doctor en Medicina, comportamentalista y cognitivista francés) conceptualizó el modelo ANC (siglas en francés de «modelo neurocognitivo y comportamental») durante los años noventa y, desde entonces, su planteamiento no ha dejado de ser objeto de investigaciones. Su modelo, que se basa en una síntesis entre las ciencias de la psicología y las ciencias del cerebro, nos permite descubrir cuatro dimensiones cerebrales distintas que aparecen la una tras la otra y cada una de las cuales desempeña un papel concreto en nuestras tomas de decisiones y en nuestras reacciones.

Cuando nuestro hijo se estresa porque tiene que ir al colegio, cuando se siente inútil o cuando está desmotivado, la parte más primitiva de su cerebro se hace con el control. Pero, ¿cómo explicarle algo así? ¿Cómo ayudarle a acallar esas voces interiores? En primer lugar, lo importante es entender cómo funciona nuestro cerebro y cómo influyen estas cuatro zonas cerebrales en nuestra vida.

Las cuatro zonas cerebrales

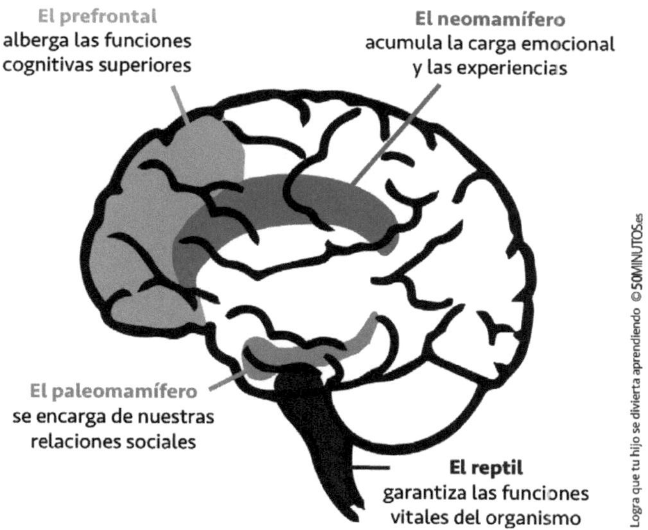

- **El cerebro reptil** es el centro de decisiones más primitivo de las cuatro zonas de nuestro cerebro. Alberga todos los instintos de supervivencia, como el hambre, la sed o la respiración. Es maduro desde nuestro nacimiento y es inconsciente. En situaciones de peligro, transmite mensajes de estrés o de angustia que provocan la huida, la lucha o la inhibición.
- **El cerebro paleomamífero o gregario** es la sede de las relaciones sociales. Para darle continuidad a la especie, el hombre debe sobrevivir satisfaciendo sus necesidades primitivas, pero también debe ser capaz de eliminar las amenazas externas. Aquí se encuentra la autoconfianza,

la confianza en los demás y las relaciones de poder.

¿SABÍAS QUE...?

Un comentario negativo tendrá mucho más impacto que diez positivos, ya que el ser humano está programado para detectar las situaciones que podrían poner en peligro la supervivencia de la especie. Por tanto, presta atención a lo que le dices a tus hijos, no los menosprecies y evita compararlos con los demás.

- **El cerebro neomamífero** acumula desde nuestro nacimiento toda la carga emocional asociada con las experiencias: es, ni más ni menos, nuestro disco duro. Alberga todo nuestro aprendizaje escolar y educativo, participa en el desarrollo de nuestros gustos, de nuestras preferencias, de nuestros miedos y en la adquisición de los automatismos fundamentales. Desde su más tierna edad, el niño percibe su entorno a través del mismo y crea vínculos con sus experiencias pasadas, independientemente de que estas sean agradables o no.
- **El cerebro prefrontal** representa el total de nuestra inteligencia. Se forma progresivamente desde el nacimiento hasta la edad adulta, y permite acceder a la lógica, a los matices y a la intuición, además de tender a reducir el estrés. Facilita ver las cosas con perspectiva y permite que nos adaptemos mejor al mundo exterior. Cuando un niño está estresado y aprender no le divierte, le cuesta acceder a esta parte del cerebro porque los estratos inferiores lo bloquean.

Para comprender mejor cómo funcionan estos diferentes centros de toma de decisiones y cuál es su impacto en el niño, Françoise Roemers-Poumay ofrece en su guía metodológica *La pédagogie des Octofun* («*La pedagogía de los Octofun*») una esclarecedora metáfora: presenta el cerebro como una casa de tres pisos y utiliza los símbolos del semáforo en verde o en rojo para explicar los posibles bloqueos que pueden afectar al desarrollo del niño.

Según sus explicaciones, la planta baja se correspondería con el cerebro reptil, que controla nuestros instintos de supervivencia. Si el niño se siente seguro, puede silenciar este centro de toma de decisiones y darse luz verde para subir al primer piso, que representa el cerebro paleomamífero o gregario, es decir, el que controla nuestras relaciones con los demás. Si el niño se siente a gusto en sus relaciones con los otros y tiene autoconfianza, asciende al segundo piso, que representa el cerebro neomamífero. Esta parte se encarga de gestionar las emociones y las preferencias de las personas, y a ella le debemos nuestra singularidad. Si no le afecta ninguna emoción negativa (miedo, angustia, exasperación), el semáforo se pone en verde y llega al último piso, es decir, al cerebro prefrontal, de gran utilidad en el entorno escolar en la medida en que permite aprender datos, analizarlos y memorizarlos.

Al explicarle al niño cómo funciona el cerebro le ofreces la posibilidad de entender lo que siente, de aprender a conocerse, de ser consciente de sus sentimientos para poder dominarlos y convertirse así en un actor de su aprendizaje y no en un espectador que depende de la menor de sus emociones.

LAS INTELIGENCIAS MÚLTIPLES

La teoría de las inteligencias múltiples fue introducida en los años ochenta por el psicólogo estadounidense Howard Gardner, y ofrece elementos de respuesta a la cuestión del fracaso escolar de los niños. Al reflexionar sobre las capacidades cognitivas del individuo y su desarrollo, Garden se dio cuenta de que no existía un tipo de inteligencia único, sino que había varios —en su teoría, distingue ocho—. Aunque el ser humano los controla todos, en su manera de enfrentarse al mundo y de abordar el aprendizaje predominan algunos:

- **la inteligencia lógico-matemática** se corresponde con el razonamiento lógico, con las experiencias científicas sistemáticas. La encontramos, entre otros, en los matemáticos, los científicos o los policías;
- **la inteligencia lingüística** está especialmente desarrollada en los escritores, los periodistas o los abogados. Se caracteriza por una marcada sensibilidad por las estructuras lingüísticas y por un interés pronunciado por el arte del discurso;
- **la inteligencia musical** engloba todas las competencias relativas a la rítmica y a los sonidos. Las personas que tienen este tipo de inteligencia muy desarrollado se interesan de manera especial por la música, tocan un instrumento o se pasan el día tarareando;
- **la inteligencia corporal-cinestésica** es la aptitud que tiene una persona para utilizar todo su cuerpo y dominar sus talentos manuales. Predomina en los atletas, en los

escultores, en los actores y en los bailarines;
- **la inteligencia intrapersonal** tiene que ver con el autoconocimiento, con la introspección. Está muy presente en los filósofos y en los terapeutas, por ejemplo;
- **la inteligencia interpersonal** es la capacidad de vincularse con los demás, de relacionarse con el mundo exterior y de sentir empatía por el prójimo. Esta inteligencia se encuentra muy presente en las personas que desempeñan un trabajo de dimensión social (profesor, auxiliar de enfermería, asistente social, etc.) o que hacen voluntariado;
- **la inteligencia espacial** se corresponde con la percepción del mundo y la facultad de representarse una imagen mental fiel y precisa de él. Los arquitectos, los ingenieros, los pilotos y los fotógrafos poseen con más frecuencia este tipo de inteligencia;
- **la inteligencia naturalista**, para acabar, permite clasificar, estructurar y organizar los elementos naturales —fauna y flora—. Las personas en las que predomina esta inteligencia son analíticas y observadoras y, a menudo, se inclinan por profesiones o actividades que les permiten desarrollar estas aptitudes, como la arqueología, la botánica, la jardinería o la veterinaria.

Comprender las afinidades intelectuales de tu hijo te podrá ayudar a guiarlo en su aprendizaje y a proponerle métodos con los que se mostrará receptivo.

LA GESTIÓN MENTAL

Antoine de La Garanderie, filósofo y pedagogo francés, desarrolló en los años setenta una teoría que pretendía establecer perfiles pedagógicos basándose en «gestos mentales de aprendizaje» propios de cada niño. En su opinión, cada persona posee su propia técnica de comprensión, de memorización y de restitución de una información recibida. Este concepto, al que llamó gestión mental, ha logrado poner de manifiesto los distintos mecanismos cognitivos que intervienen en la reflexión y en el aprendizaje.

Son varios los factores que hay que tener en cuenta y no descuidar para que un niño pueda evolucionar y almacenar la información necesaria para su desarrollo escolar: el proyecto, la evocación y los gestos mentales. De hecho, la estrategia de aprendizaje variará dependiendo de si tu hijo debe recordar una canción infantil, fechas de acontecimientos históricos o la lista de las tareas del hogar. Definir su proyecto, sus objetivos y sus exigencias le permitirá poner en marcha un método eficaz y adaptado.

Probablemente, la evocación es el concepto más importante de la teoría de Antoine de La Garanderie. Cada persona asimila la información de forma distinta y utiliza métodos de evocación que le son propios y que le ayudarán más adelante a restituir lo que ha aprendido. La gestión mental ha definido tres perfiles específicos, cada uno de los cuales se corresponde con un canal de evocación concreto en el que el alumno se apoya para imaginarse la información:

- **la evocación visual:**
  - transformar la información textual en información visual (dibujos, esquemas, etc.);
  - emplear colores y elementos subrayados.
- **la evocación auditiva:**
  - repetir oral o mentalmente la información;
  - escuchar el temario en un soporte auditivo.
- **la evocación cinestésica:**
  - experimentar los movimientos, las sensaciones, los olores y los sabores;
  - recurrir a los gestos y al movimiento para aprender el temario.

Para De La Garanderie, cabe distinguir cinco gestos mentales:

- **el gesto de atención** corresponde a la proyección —es decir, a la evocación— de aquello que va a ser percibido por alguno de nuestros cinco sentidos. Un padre o un profesor podrá ganarse la atención del niño diciéndole, por ejemplo: «mira lo que voy a enseñarte», «escucha lo que te voy a decir» o «prueba esto y me dices qué opinas»;
- **el gesto de memorización** consiste en recordar nuestras evocaciones para restituirlas de una manera precisa. Generalmente memorizamos para un proyecto a corto, medio o largo plazo;
- **el gesto de comprensión** permite hacer un viaje de ida y vuelta permanente entre lo que se percibe y lo que se evoca con el fin de encontrarle sentido a la información nueva. Entender significa apropiarse del conocimiento y restituirlo con nuestras propias palabras;

- **el gesto de reflexión** es completamente dependiente de las etapas precedentes. Consiste en rebuscar en nuestros conocimientos las nociones o la teoría que servirá para pensar en la tarea que hay que cumplir;
- **el gesto de imaginación** es aquel con el que el niño podrá imaginar, descubrir o inventar nuevas pistas a partir de lo que ya conoce. Este gesto permite salir de un marco lógico y plantearse enfoques que pueden requerir la intuición.

Mediante esta teoría, los niños comprenden cómo funcionan y cuáles son las estrategias de estudio más adaptadas a su perfil pedagógico. Los padres y los profesores, por su parte, se darán cuenta de que puede ser normal que el niño no entienda sus explicaciones: simplemente, cada uno posee un mecanismo de aprendizaje distinto.

AYUDAR A NUESTRO HIJO A APRENDER DIVIRTIÉNDOSE

MÉTODOS PEDAGÓGICOS INNOVADORES

El Brain Gym® (o gimnasia cerebral) fue creado en los años ochenta por Paul Dennison, doctor en Ciencias de la Educación. Se trata de un planteamiento educativo que se vale de movimientos corporales específicos para mejorar nuestras capacidades, especialmente las de aprendizaje. Estos ejercicios permiten a los niños mejorar su memoria, su concentración, su comprensión, su organización, su comunicación y su autoconfianza.

Los veintiséis movimientos que conforman este método pedagógico se clasifican en tres categorías según su aplicación. Distinguimos los ejercicios que favorecen:

- **la lateralidad.** Mejoran las facultades comunicativas y hacen que circule la energía por los dos hemisferios cerebrales;
- **el enfoque.** Su objetivo es proporcionar una mejor organización y más serenidad;
- **la concentración.** Estos ejercicios trabajan a nivel de la comprensión.

Al descubrir las siguientes actividades te darás cuenta de que algunas zonas del cerebro permanecen inactivas si no se estimulan, lo que explica por qué a veces los niños no asimilan algunas lecciones en la escuela o no se quedan con algo que, sin embargo, les has explicado varias veces.

Entre los ejercicios de Brain Gym®, el PACE (acrónimo de «positivo, activo, claro y enérgico») ocupa un lugar privilegiado. Cada inicial se corresponde con un movimiento específico cuyo objetivo es conectar las diferentes partes del cerebro. En su obra *Brain Gym, aprendizaje de todo el cerebro* (2006), Paul y Gail Dennison explican que para:

- encontrar un buen equilibrio, autoconfianza, mejorar la concentración, la atención y la escucha de manera **positiva**, el truco está en que cruces los tobillos, estires los brazos hacia delante y entrelaces las muñecas. A continuación, haz lo mismo con los dedos y llévate las manos cruzadas de esta forma al pecho. Mantén la posición durante aproximadamente un minuto, respirando tranquilamente con los ojos abiertos o cerrados. Cuando inspires, pega la lengua al extremo del paladar, justo detrás de los incisivos. Cuando espires, relaja la lengua;
- estimular los dos hemisferios cerebrales y mejorar las competencias de lectura, escritura y comprensión siendo **activo**, tienes que encontrar una posición cómoda de pie y cruzar la línea media. Para lograrlo, eleva una pierna y lleva hacia la misma el brazo contrario, de manera que tu mano toque la rodilla. Alterna el movimiento despacio. Cuando te sientas a gusto realizando este ejercicio, varía los movimientos;
- mejorar la irrigación del flujo sanguíneo en el cerebro y aumentar la concentración viendo **claro**, debes colocar los dedos pulgar e índice de una de tus manos en los huecos situados justo debajo de las clavículas, a ambos lados del esternón. Coloca la otra mano sobre el vientre a la altura del ombligo y frota durante unos treinta

segundos desplazando lentamente tu mirada de derecha a izquierda siguiendo una línea horizontal, sin mover la mano superior. Invierte la posición de las manos y vuelve a realizar el ejercicio;

- obtener la **energía** necesaria para aprender correctamente, bebe mucha agua, preferentemente purificada. Mejorará la actividad eléctrica del cerebro y del cuerpo y, como consecuencia, disminuirá el nivel de estrés.

Los ejercicios PACE del *Brain Gym*®

Los distintos movimientos propuestos tendrán efectos muy beneficiosos para el niño y su desarrollo. De hecho, no solo permitirán mantener una buena flexibilidad cerebral y corporal, sino que además mejorarán la capacidad de concentración, de atención y de memorización del alumno. La neuroplasticidad cerebral y las conexiones entre ambos hemisferios se intensificarán y, por último, tu hijo recobrará el placer por el aprendizaje gracias a un método lúdico que le invita a ponerse en movimiento y a volverse a centrar con música, en grupo o en familia, pero sobre todo divirtiéndose.

El *mind mapping* o mapa mental

Esta herramienta, teorizada por el psicólogo inglés Tony Buzan en los años setenta, consiste en representar la información de manera espacial, visual y gráfica —y no de manera lineal, como estamos acostumbrados a hacer— sobre un folio apaisado.

En concreto, el ejercicio consiste en cartografiar nuestras ideas partiendo del tema principal, que se ubicaría en el centro del dibujo y del que nacerían varias ramas representando una idea conexa o un desarrollo suplementario. Por supuesto, el conjunto se ilustraría con la ayuda de símbolos, de imágenes, de dibujos, de expresiones, etc.

El *mind mapping*

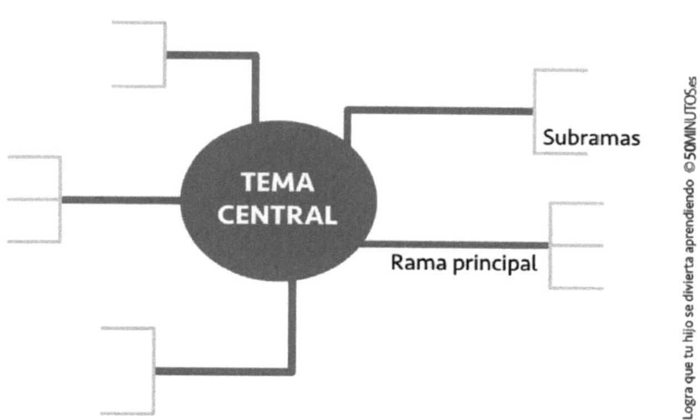

El *mind mapping* hace trabajar todas nuestras capacidades cerebrales, impulsándonos a emplear palabras, imágenes, nombres y colores además de la lógica, el ritmo, la intuición y la conciencia espacial. Libera el potencial creativo, aclara y enriquece el pensamiento, facilita el aprendizaje y, en general, aumenta el rendimiento en términos de rapidez y de calidad de los resultados obtenidos. Al aunar diferentes tipos de inteligencia, el mapa heurístico permite a muchos niños adquirir aptitudes y conocimientos de forma más eficaz, además de devolverles el placer por aprender.

Hazte con un folio en blanco sin renglones y, para tener una mejor visión de conjunto, colócalo en horizontal (formato apaisado).

Escribe en el centro del folio el tema principal, que debe ser lo más preciso posible. Si tu hijo repasa una lección de historia, escribe el título exacto del tema para que broten las ideas. Por ejemplo, «Los caballeros de la Edad Media» en vez de, simplemente, «Historia».

A continuación, partiendo del centro, traza las ramas principales para crear el árbol de ideas del niño. Estas llevarán los grandes temas o preguntas que deberá desarrollar (¿Dónde? ¿Cuándo? ¿Cómo? ¿Por qué?) y deberán disponer de una imagen o de una expresión clave.

Después, dibuja las siguientes ramas (las llamadas «secundarias»), en las que ubicaremos las ideas periféricas. Procura que cada rama tenga la misma longitud que la palabra que se coloca en la misma y que sea lo más horizontal posible para que sea más legible y se pueda procesar la información con rapidez.

Es importante que no escribamos las palabras al final, debajo o encima de las ramas, sino dentro de estas, ya que ambos elementos deben formar una unidad de información indisociable. Tampoco sirve de nada anotar frases largas, ya que un único término lleva todo el significado necesario.

Posteriormente, inserta imágenes o crea pequeños pictogramas simples que evoquen la idea de tu hijo. Le ayudarán a crear un vínculo directo con la información que tiene que recordar, ya que una ilustración apela tanto a nuestros sentidos como a nuestras emociones. La evocación eficaz de una idea facilita su memorización.

Finalmente, colorea las ramas para que la representación del tema sea más colorida, más alegre y más agradable a la vista. ¡A uno le entran más ganas de aprender así que leyendo la página de un cuaderno mejor o peor escrito!

Lo interesante de este mapa es que puedes construirlo con tu hijo. Tú lo dibujas y haces las preguntas, y él responde a las mismas trazando las ramas y coloreándolas. Así, colaborando para plasmar en imágenes sus ideas y sus pensamientos, el niño participa activamente en su proceso de aprendizaje.

La psicología positiva

Nuestra cultura y nuestra educación tienden a mostrarnos solo lo negativo y a no señalar nada más que los fallos. ¿Qué crees que se le pasaría a un niño por la cabeza si le propusiéramos dejar de considerar un error como un fracaso y empezar a verlo como una experiencia, si le animáramos tan a menudo como fuera posible en vez de menospreciarlo?

Este es el objetivo de la psicología positiva, una corriente iniciada por el psicólogo estadounidense Martin Seligman a finales de los años noventa y que cuenta entre sus pioneros con el célebre psicólogo e investigador húngaro Mihaly Csikszentmihalyi. Gable y Haidt definen esta rama de la psicología cognitiva, llamada a veces psicología de la felicidad, como «el estudio de las condiciones y procesos que contribuyen al funcionamiento próspero u óptimo de las personas, los grupos y las instituciones» (Gable y Haidt 2015, 3). En otras palabras, su objetivo no es tanto aliviar el malestar de la gente como mejorar su bienestar.

Este enfoque pedagógico hace hincapié en el desarrollo de las capacidades y el potencial de cada persona. En vez de ceder a la tentación de fijarnos solo en lo que no va bien, la psicología positiva hace un llamamiento a los talentos humanos para capitalizar lo que funciona y lo que podemos mejorar.

La escuela no nos enseña a ser felices, ¿pero tal vez debería hacerlo? El niño será más creativo, se sentirá más libre para probar nuevas experiencias y tendrá más seguridad si se le enseñan desde su más tierna infancia nociones como el optimismo, la gratitud, la confianza, la benevolencia, la comprensión de las emociones, la escucha, la empatía, el respeto a uno mismo y al otro, la cooperación, el arte de compartir y la sinceridad. Un niño valorado, estimulado y reconocido que crece en un entorno sereno podrá desarrollar su máximo potencial con alegría y satisfacción.

Además, algunas escuelas han comprendido las ventajas de un método de estas características y han comenzado a emplear la psicología positiva en sus alumnos. Pero tú, como progenitor, también tienes un papel que desempeñar.

- Destaca lo que hace bien, sus cualidades, sus intereses, sus éxitos y sus talentos. Estos elogios recargarán sus pilas y reforzarán su autoconfianza.
- Expresa tu gratitud. Dale las gracias cuando ordene su habitación o te ayude en las tareas del hogar.
- Aprende a detectar sus pensamientos negativos y ayúdale a deshacerse de ellos. Habla con tu hijo sobre lo que podría ocurrir durante el día. La idea es perderle el miedo a hablar de los acontecimientos futuros y concentrarse en las alegrías potenciales en vez de en las dudas que despierta lo desconocido.
- Cambia la opinión que tiene de sí mismo. Anímale a cambiar su punto de vista. Por ejemplo, si te dice que ha suspendido un control de matemáticas porque es tonto y que nunca conseguirá aprobar, pregúntale qué podría hacer para conseguirlo la próxima vez, cuál es su manera de estudiar, etc. Estos interrogantes le llevarán a reflexionar y a tomar perspectiva. Quizás se dará cuenta de que simplemente no comprendía el problema y que necesita practicar más.
- Felicítale por sus progresos y recompensa sus esfuerzos, incluso si el resultado final sigue sin ser el que esperaba.
- Sé un fabricante de competencias. Las aptitudes de los niños se desarrollan progresivamente. Pídele que haga tareas fáciles acordes con su edad que le den confianza al tiempo que aprende.

Es de sobra conocido que las emociones positivas tienen un importante impacto en la reducción del estrés y de las toxinas, así como en la estimulación de la creatividad. El optimismo también es muy beneficioso para los niños, ya que:

- mejora su salud;
- incrementa su rendimiento escolar o extraescolar;
- les motiva a continuar avanzando cuando se presentan dificultades u obstáculos.

El método de los Octofun

Este método pedagógico fue creado en 2013 por Françoise Roemers-Poumay, maestra de educación primaria durante veinticinco años y hoy en día formadora de profesorado y conferenciante. Para elaborar este planteamiento no solo se inspiró en la teoría de las inteligencias múltiples, sino también en la gestión mental y en la psicología positiva, y encontró una manera de adaptarla a los niños. ¡Una idea increíble! ¿Su objetivo? Estimular el potencial de cada uno de ellos gracias a ocho bolas de energía presentes en todos nosotros y con las que el niño puede identificarse fácilmente.

- **Mathifun**: se corresponde con la inteligencia lógico-matemática. Para animar al niño a desarrollar este potencial, puedes ayudarle a plantearse preguntas, a analizar una situación, a realizar gráficos o a planificar, a establecer vínculos lógicos entre diversos elementos, etc.
- **Alphafun**: esta bola representa la inteligencia lingüística y presta especial atención a las palabras y al arte de emplearlas. Para estimular este talento en un niño, anímale a crear eslóganes, a imaginar diálogos, a buscar palabras clave, a inventar historias, a crear juegos de palabras, etc.
- **Mélofun**: representa la inteligencia musical y rítmica

del niño. Puedes enriquecer este potencial haciéndole cantar la lección sobre una melodía conocida, inventando una cancioncilla sobre la materia que hay que estudiar, poniéndole música para tranquilizarlo, motivándolo, dinamizándolo, etc.

- **Bodyfun**: encarna la inteligencia corporal-cinestésica tal y como la describe Howard Gardner. Para alimentar este tipo de inteligencia, los ejercicios más eficaces serán los que activen el cuerpo. Invita al niño a pensar con las manos, a imitar, a jugar, a escenificar, a moverse y a utilizar su cuerpo para aprender a través de actividades manuales y físicas como el teatro, la cocina, el deporte, la pintura, etc.
- **Funégo**: coincide con la inteligencia intrapersonal y, por lo tanto, se caracteriza por un buen autoconocimiento y por la necesidad de estar tranquilo para trabajar correctamente. Si el niño prefiere estar solo para reflexionar y concentrarse, deja que lo haga y no le impongas tu presencia. Asimismo, proponle que se fije objetivos personales.
- **Multifun**: se corresponde con la inteligencia interpersonal y con las relaciones con los demás. Para desarrollar este potencial social indispensable para la vida en comunidad, proponle jugar o explicarle una lección a otro niño, trabajar en grupo y repartir el trabajo.
- **3Dfun**: representa la inteligencia espacial. Ayúdale a agudizar su percepción del mundo a través de gestos simples como aprender apoyándose en colores, hacer dibujos o mapas mentales, emplear imágenes, fotografías o películas.
- **Vitafun**: es el homólogo de la inteligencia naturalista.

Estimula este vínculo con el mundo y su entorno estudiando en el exterior cuando sea posible, instruyéndole durante un paseo por el bosque o dando una vuelta por el parque, favoreciendo la observación y la clasificación de la fauna y flora local, etc.

La ventaja de este enfoque pedagógico radica en que los niños pueden identificarse rápidamente con estas bolas de energía y en que estas les ayudan a descubrir con facilidad su tipo de inteligencia predominante. Se convertirán incluso en amigos con los que crecerán y evolucionarán y podrán transformar cómodamente en palabras sus afinidades de aprendizaje. Por ejemplo, podrán decir «mi Alphafun disfruta escribiendo historias», «mi Melofun está rellenito porque me encanta bailar y escuchar música» o «creo que mi punto fuerte es Vitafun, porque me gusta mucho pasear por entornos naturales, recoger hojas y estar con los animales».

Como progenitor, también puedes utilizar los Octofun con fines pedagógicos y preguntar a tus hijos cosas como: «¿cuándo desarrollamos nuestro Funégo?» o «¿cuándo satisfacemos a Multifun?». Tu hijo podrá relacionarlos fácilmente con sus diferentes inteligencias y te responderá respectivamente: «cuando pensamos o cuando jugamos solos» y «cuando trabajamos con nuestros compañeros y hacemos amigos».

Gracias a este método, los niños aprenden a conocerse desde que son pequeños y a identificar sus puntos fuertes y débiles. El verdadero objetivo de Françoise Roemers-Poumay consiste en demostrarles que poseen en su interior las ocho bolas de energía. Por supuesto, unas están más desarrolladas que otras, pero siempre es posible hacer que evolucionen. Cuando una bola guía a otra hacia la alegría del aprendizaje, sus propias fuerzas se multiplican por diez. Enseguida se crea un vínculo afectivo entre el niño y los Octofun, ¡y entonces surge el placer de aprender!

PREGUNTAS FRECUENTES

MI HIJO NO QUIERE IR AL COLEGIO. ¿CÓMO PUEDO SABER SI SE TRATA DE UN BERRINCHE O SI SU COMPORTAMIENTO ESCONDE UN PROBLEMA MÁS SERIO?

No siempre es fácil entender por qué nuestro hijo no quiere ir al colegio cuando antes le encantaba hacerlo, y los motivos pueden ser múltiples y variados. Para empezar, observa su comportamiento. ¿Ha cambiado de manera drástica recientemente? ¿Se siente realmente mal cuando piensa en ir a clase? ¿Suele quejarse de dolores de barriga o de cabeza, de náuseas? ¿Se aísla más a menudo, guarda silencio cuando tratas el tema del colegio?

A continuación, intenta dialogar con tu hijo y anímale a que te hable, sin juzgarlo. Aprende a plantear las preguntas adecuadas. Si sospechas que el problema se debe a un sistema escolar inadaptado, pregúntale si le cuesta seguir las clases, si las entiende bien o si siente que no avanza al mismo ritmo que sus compañeros. ¿Sus profesores realizan un seguimiento suficiente o está abandonado a su suerte? Anímale a que te cuente cómo transcurre un día en la escuela, cómo se desarrolla una clase, cómo la imparte el profesor, etc. Toda la información que recabes durante la conversación te ayudará a entender si el centro educativo se corresponde o no con las necesidades de tu hijo o si padece un problema de aprendizaje. También podrás detectar un posible malestar relacionado con una falta de entendimiento con sus compañeros o profesores.

¿CÓMO PUEDO SABER SI MI HIJO SUFRE ACOSO?

Observa su comportamiento y detecta cualquier cambio fuera de lo común: le duele la barriga o la cabeza a menudo, sufre crisis de llanto con regularidad, se encierra en sí mismo, pierde el apetito de repente, etc. Muéstrate a la escucha y anímale a hablar de sus emociones y de sus temores sin tapujos. Puedes hacerle preguntas indirectas como: «¿Qué tal en el colegio? ¿Todo va bien con tus compañeros y con tus profesores?».

Si sus compañeros le acosan, habla inmediatamente con su profesor para que tome las medidas adecuadas y, si es necesario, contacta con el director del colegio. Si tu hijo sufre acoso por parte de un profesor le costará más hablarte de ello, porque le dará miedo que no le creas. Por lo tanto, es muy importante interpretar su lenguaje corporal y leer entre líneas para detectar un malestar subyacente. ¿Se pone sistemáticamente enfermo siempre el mismo día? ¿Le suele castigar el mismo profesor sin motivos aparentes? Pide una cita con el profesor en cuestión para hablar sobre ello y confía en tu instinto.

En cualquier caso, lo esencial es tomar medidas con rapidez para impedir que la situación empeore, ya que podría tener consecuencias desastrosas para la autoconfianza de tu hijo y para su futuro.

MI HIJO NO ES CAPAZ DE SEGUIR EL RITMO DE SU CLASE Y PARECE QUE ESTÁ CONSTANTEMENTE DESCONCENTRADO. ¿TENGO QUE CONSULTAR CON UN ESPECIALISTA?

Es posible que tu hijo sufra un problema de aprendizaje que le impida aprovechar plenamente la enseñanza que recibe. No dudes en consultar con un neuropediatra o con un especialista en psiquiatría infantil, que eventualmente podrá diagnosticarle TDA/H («trastorno por déficit de atención e hiperactividad») u otro problema gracias a distintas pruebas psicológicas, psicomotoras, de atención, etc. A continuación, podrá proponerte soluciones para enfrentarte a estas dificultades de aprendizaje y ayudar a tu hijo a gestionarlas en su día a día.

Generalmente, si existe un problema que afecta a la lectura (dislexia), al desarrollo motor (dispraxia) o al habla (disfasia), o si tiene dificultades para contar (discalculia), te derivará a un logopeda, que trabajará con tu hijo mediante juegos y ejercicios simples para subsanar o atenuar estos trastornos del lenguaje.

Sin embargo, cuando se detecta TDA/H es preferible combinar varios planteamientos terapéuticos o, en ciertos casos, recurrir a medicación —aunque los especialistas no siempre la recomiendan debido a sus efectos potencialmente dañinos para el cerebro–.

MI HIJO NO SE SIENTE A GUSTO EN EL COLEGIO DESDE QUE LE SUBIERON DE CURSO. ¿A QUÉ SE DEBE?

Aunque tu hijo vaya por delante de la media en términos de aprendizaje, no olvides que en el plano emocional y social no tiene por qué ocurrir lo mismo. Por lo tanto, es normal que no esté en sincronía con unos compañeros desconocidos y mayores que él. Verse en una clase nueva con compañeros nuevos puede ser una experiencia difícil, sobre todo si el cambio se debe a una capacidad intelectual superior. A veces, los niños se tratan con crueldad y estigmat zan a los que rinden más en clase. Mantén los ojos abiertos para observar cualquier cambio importante en su comportamiento y pregúntale con regularidad qué tal le va en la escuela. En último lugar, puede que sea necesario inscribirlo en un centro adaptado a unas capacidades superiores a la media.

¿CÓMO TRANSFORMO LOS DEBERES ESCOLARES EN UN MOMENTO PRIVILEGIADO ENTRE PADRE E HIJO?

Al plantear métodos pedagógicos lúdicos e interactivos que le ofrecerán una nueva manera de aprender, le ayudarás a conocerse mejor, a tomar el gusto al aprendizaje y a confiar en sí mismo. Participa activamente en sus deberes escolares y dale rienda suelta a tu imaginación. ¿Cómo te habría gustado estudiar a ti?

Por ejemplo, puedes proponerle estudiar un tema de historia haciendo un resumen con un mapa mental. Así, podrá extraer las ideas principales del tema en cuestión al tiempo que se divierte dibujando con colores un árbol y sus ramas. Si no consigue memorizar un poema o una fábula, pregúntale cómo lo haría su Mélofun. ¿Lo aprendería cantando y con una coreografía? Entonces transforma su poema en una canción y anima a tu hijo a recitar los versos entonando una melodía.

Lo importante es darle un toque de diversión al aprendizaje de tu hijo, de manera que vea en él un momento para compartir y jugar y no un ejercicio intelectual complicado y aburrido. Por último, procura mantener el positivismo y felicitar a tu hijo por sus esfuerzos y su trabajo. Cuanto más le animes y destaques sus éxitos, más seguro y ávido de conocimientos se sentirá.

PARA IR MÁS ALLÁ

FUENTES BIBLIOGRÁFICAS

- Akoun, Audrey e Isabelle Pailleau. 2013. *Apprendre autrement avec la pédagogie positive*. París: Eyrolles.
- Ben-Shahar, Tal. 2012. *Apprendre à être heureux*. París: Pocket.
- Ben-Shahar, Tal. 2011. *L'apprentissage du bonheur*. París: Pocket.
- Brain Gym Belgium, "Qu'est-ce que le Brain Gym?". Consultado el 20 de abril de 2017. http://www.braingym-belgium.be/CMS/fr/qu-est-ce-que-le-braingym/
- Brower, Francine. 2007. *100 Ideas for Supporting Pupils on the Autistic Spectrum*. Londres: Continuum Publishing Corporation.
- Buzan, Tony y Barry Buzan. 2012. *Mind map, dessine-moi l'intelligence*. París: Eyrolles.
- Dennison, Paul y Gail Dennison. 2006. *Brain Gym, aprendizaje de todo el cerebro: Kinesiología educativa. El movimiento, la clave del aprendizaje*. Madrid: Kalamo Libros, S. L.
- Éduscol, "Le harcèlement en milieu scolaire". Consultado el 20 de abril de 2017. http://eduscol.education.fr/cid55921/le-harcelement-en-milieu-scolaire.html
- Fradin, Jacques. 2008. *L'intelligence du stress*. París: Eyrolles.
- Gable, Shelly y Jonathan Haidt. 2015. "¿Qué es (y por qué) la Psicología Positiva?". RET / Revista de toxicomanía y salud mental, n.º 75, 3. Consultado el 20 de abril de 2017. http://www.cat-barcelona.com/uploads/rets/01_ret_75.

pdf
- Inserm, "Troubles des apprentissages: les troubles 'dys'". Consultado el 20 de abril de 2017. http://www.inserm.fr/thematiques/neurosciences-sciences-cognitives-neurologie-psychiatrie/dossiers-d-information/troubles-des-apprentissages-les-troubles-dys
- Keymeulen, Renaud. 2013. *Vaincre ses difficultés scolaires grâce aux intelligences multiples*. Lovaina la Nueva: De Boeck.
- Les Octofun. Página web de Françoise Roemers-Poumay. Consultado el 20 de abril de 2017. https://octofun.org/
- Margulies, Nancy y Nusa Maal. 2005. *Les cartes d'organisation d'idées. Une façon efficace de structurer sa pensée*. Montreal: Éditions de La Chenelière.
- Schwennicke, Catherine y Brigitte Durruty. 2014. *Parent Zen*. Montreal: Éditions de l'Homme.
- Seligman, Martin. 2015. *Pratiquer la psychologie positive au quotidien*. París: InterEditions.

FUENTES COMPLEMENTARIAS

- iMindMap. Consultado el 20 de abril de 2017. https://imindmap.com/
- Institute of Neurocognitivism. Consultado el 20 de abril de 2017. www.neurocognitivism.be
- Neuropédagogie.com. L'avenir en avance. Consultado el 20 de abril de 2017. www.neuropedagogie.com

www.en50Minutos.es

ISBN ebook: 9782806280909

ISBN papel: 9782806297051

Depósito legal: D/2017/12603/247

Libro realizado por Primento, el socio digital de los editores